人生後半を楽しむシンプル生活のススメ

人生はこれからが本番よ！

「ひとりの老後」を応援する会
NPO法人SSSネットワーク代表
松原惇子

二見書房

はじめに

人生は何が起こるかわからない。死ぬまで住み続けるつもりでいた大好きなマンションを、2年前、65歳のときに思わぬトラブルで手放すことになった。

しかし、この不幸な出来事により、わたしの暮らし方は大きく変わり、逆に輝きだしたのだから、本当に先はわからないものだ。

一言で言えば、家を含めてモノを〝持つ〟生活から、なるべく〝持たない〟シンプルな生活への転換だ。といっても、何から何まで減らすわけではない。

わたしが目指すシンプル生活は、好きなモノや好きな人、好きなコトだけに囲まれた生活である。煩わしいことはできるだけ排除し、自分をウキウキさせてくれるものだけに囲まれた、ワクワクする生活。シンプルだけど安っぽくない、愛着のある暮らし。

「人生の残り時間は少ない。毎日を思い切り楽しまなくては損よ」がわたしの持論だ。

「人生」という観点から見るとき、60代ほど素晴らしい年齢はないといえる。仕事や家族に追われて生きる時期は終わり、60代からは自由に自分を生きていいのである。そう、あなたの人生の本番はこれからだ。老後のことなど心配している場合ではないですよ。

「松原さんの暮らしを書いてほしい」という依頼があったとき、生き方本で元気を配達しているわたしとしては、正直言って気が進まなかった。しかし、暮らし方も生き方であることに気づいた瞬間、頭はトップギアに入り、エンジン全開になり、1週間で書き上げてしまった。前代未聞の速さに自分でもびっくりしている。

わたしの情熱が読者の皆様に伝わるとうれしい。

2014年7月

松原　惇子

第2章 狭くてもお気に入りに囲まれて暮らす

第3章 小さいキッチンでも食事は楽しめる

第4章

60代、女はまだまだこれからよ

第5章 88歳の母から学ぶ暮らし方

第6章 人生後半を輝かせるのは人・友達・仲間

デザイン　ヤマシタツトム

写真　寺岡みゆき
原務（p118）
熊谷正（p141）
松原惇子（p62、63）

スタイリング　五来利恵子（p118）

プロローグ

マンショントラブルから
シンプル生活へ

快適だった都心のマンション暮らし

ずいぶん古い話になるが、今から約30年前、38歳のとき、「ひとりで生きていくには自分のマンションを持つべき」という友人の忠告を受け、清水の舞台から飛び下りる覚悟で、中目黒に1LDKの中古マンションを購入した。

そのいきさつを書いたのが、デビュー作『女が家を買うとき』(文藝春秋刊)である。この本をきっかけに、わたしは作家として仕事をするようになった。

あれからあっという間に時はたち、気がつくとわたしは60代になっていた。ありがたいことに、デビュー以来、細々とではあるが仕事が途切れることはなく、なんとかひとりで生活を維持してきた。

住まいも、最初に購入した中目黒のマンションから、10年後に目黒の3LDKのマンションに移り、文字通りの快適なシングルライフを送っていたのである。

シングルライフは最高!

友達がいて暮らしていけるお金さえあれば、自由で気楽なひとり暮らしほどいいものはない。

ひとり暮らしには広いと思われる3LDK（70㎡）に移ったのは、人生の最後の最後の1秒まで、楽しく快適に暮らすためだった。

目黒駅から徒歩数分、どこに出かけるにも便利。駅までの道は平坦で、周囲は閑静な住宅街。年をとっても快適に住める、ひとり暮らしには理想の環境の中に、目黒のマンションは位置していた。

築年数は古かったが、今どきのマンションでは考えられない趣のある造り、ゆったりとしたスペース、通りから玄関までの長いアプローチ……どこかフランス風のビンテージマンションは、わたしのお気に入りだった。住環境が快適だと、毎日がご機嫌で楽しく過ごせる。

大好きなマンションで、自分なりのインテリアを楽しみ、料理を作っては人を呼び、時には仲間に声をかけ、ワイン片手にバンドの練習もしたりしていた。楽しい楽しいシングルライフ……。

ゲリラ豪雨で漏水が発覚！

その充実したマンションライフに、予測もしない出来事が起こったのは、今から2年前の65歳のときだった。晴天の霹靂《へきれき》とはまさにこのこと。

覚えている方も多いと思うが、東京が頻繁にゲリラ豪雨に見舞われたことがある。激しい雨が週末になると降った。そのとき、偶然、ドア付近で水たまりを発見。マンションで雨漏りは考えにくいが、周辺をよく見ると、天井も柱も濡れているではないか。

あわてて管理人室に飛びこんだが、あまり驚いた様子もない。どうやらわたしが知らなかっただけで、このマンションでは漏水は日常茶飯事だったようだ。

もちろん、管理組合のもと防水工事はしてくれたが、そのやり方を見ていて、わたしは疑問を持った。なぜなら、漏水の原因を調査せずに、ただ防水用の塗料を塗っているだけだったからだ。これでは、絶対にまた漏れるに決まっている。

案の定、また雨漏りは起こった。それどころか、工事をしたにもかかわらず、ひどくなる一方だった。雨漏りぐらいと思うかもしれないが、住居に欠陥があると夜も眠れないものだ。晴れている日はいいが、出先で雨など降ろうものなら、もう落ち着いていられなくなる。

次第にわかってきたのだが、このいい加減な業者は、マンション管理組合の理事の会社だった。理事という立場を利用して、長きにわたって自分の会社に仕事を出していたのだ。

それを知ったわたしは、「病気だって、ここの病院で治らなかったら、違う病院に行くでしょう。それと同じで、工事業者を替えるべきですよ」と何度も主張したが、受け入れられない。理事長の女性は、人はいいが社会に疎《うと》く、わたしの話をまったく聞き入れてくれない。

神経が限界に達したので、自分のお金で自分で業者を頼んで直すと申し出たら、共有部分なのでそれはできないと釘を刺された。

これではらちがあかない。わたしが理事長になって理事会を改革しないと、根本的な問題は解決できないと思ったが、わたしにそんなことをしている時間はない。

マンション売って、さてどこに住む？

昨今、このような管理トラブルをかかえているマンションは多いらしい。困り果てていると、友人が、住人側に立って相談に乗ってくれるＮＰＯがあることを教えてくれた。わたしは、わらをもつかむ思いでそのＮＰＯに駆けこんだ。

その結果、目黒のこのマンションとお別れすることに決めたのである。

わたしはせっかちなので、なんでも決めるのが早い。時には早すぎて失敗することもあるが、いつまでも問題を抱えているのが苦手だ。金銭的に損をしてでも、今の気分の快適さのほうを優先させる。不動産屋に「タダ同然でいいから、今すぐ売りたい」と言ったら、「本当にいいんですか？」と何度も念を押された。

とても不思議だったのは、死ぬほど愛していた家だったのに、売ると決めたとたんに愛着がなくなったことだ。出ると決めたら、何もかもが色あせて見えた。離婚するときによく似ている。気持ちがハッピーでないと、どんなに素敵なインテリアに囲まれていても、幸せを感じることはできないのだ。

売ってさっぱりしたのはいいが、問題は、次にどこに住むかだ。あまりに突然の出来事と突然の決断だったため、行き先はまったくの白紙だった。65歳で、わたしは家なき子になってしまったのである。さて、どこへ引っ越せばいいのか——。

そして、郊外の母の家へ

引き渡しの期限は1か月後だった。売ったはいいが、どうするか？

そこで浮かんだのは、緊急避難所としての場所になりうる、首都圏の郊外にある母の家だ。

「お母さん、ごめん！　緊急事態が起きたので、しばらく置いてもらえないかしら」

家賃を払うからと申し出ると、思わぬ臨時収入に母はうれしそうで、おかしくなった。親子の間でも、金銭のことはきちんとしないといけない。

考えてみると、母は信じられないほど元気だが、88歳と高齢だ。いつ何があってもおかしくない年齢である。ひとり暮らしを楽しんでいるように見えるが、いずれ一緒に住まなくてはならないことが起こるかもしれない。

今回の出来事は、成人してから一度も一緒に暮らしたことのない母と、一緒に住む練習なのかもしれない。……いや、やっぱり母とはいえ、いや母だからこそ、今さら同じ屋根の下に住むのは気が重い。どうしよう。どこへ行ったらいいの?

かといって、今すぐに次のマンションを探すのも買うのもしんどい。それによく考えたら、とくに住みたいと思う地域も町も、わたしにはなかった。

漏水問題から逃れられてほっとしたのもつかの間、母の家に間借りするようになって、今度は母との生活がストレスになってきた。一難去ってまた一難とはよく言ったものだ。

そんな葛藤をしているうちに1年がたち、わたしも徐々に新しい環境に慣れはじめた。正直、今でも快適にはほど遠いが、これが運命かもしれないと思うようになった。

これが自然の流れというものかもしれない。自分で選んでこうなったわけではなく、しかたなくこうなったのだから、受け止めるほうがいいのかもしれない。

わたしが目黒を離れたことを知った友人たちは、何かあったに違いないと、目を丸くして聞いてきた。

「信じられない！　どうしたの⁉」

破産したの？　あの元気なお母さんも、とうとう介護？

皆さん、ご心配なく。母はピンピンしています。


前置きが長くなったが、そんなわけで、わたしは現在、母の家の2階でひとり暮らしをしているのである。

1階に母がひとり暮らし、2階にわたしがひとり暮らし。ちょっと変わった住み方だが、これがわたしたちにとり、ストレスのない住み方なのである。

大好きだったマンションライフを捨て、大好きだったモノも捨てての再出発だ。

わたしの65歳からの新しい生活は、こうして始まったのである。

第1章

何を捨てる?
何を残す?

広い家は人生後半の寂しさを際立たせる

さて、話は少し戻る。

目黒のマンションの売却契約が済み、引っ越しは1か月後に決まった。中目黒の1LDKから、目黒の3LDKに引っ越してきたときは、うれしくて最高にハッピーな気持ちだったのに、去るとなると、ひとりなのにこんなに何部屋もいらなかったのではないかと軽く後悔する自分がいた。

強がりでも、悔しいから言っているのでもない。じつは、漏水事件が起きる数年前から、なんとなく家が広すぎると感じるようになっていたのだ。広い家に住みたくて移ってきたはずなのに、どうしたのかしら。

いつも元気で前向きなことがとりえのわたしだが、60歳を過ぎたあたりから、さまざまな面で気持ちに変化が現れはじめていた。年齢のせいにしたくはないが、たぶんそうなのだろう。40代、50代のひとり暮らしにくらべ、いくら若いと見えると言われても、60代は60代。しのびよる老いを感じないわけにはいかない。

そして、60代に入ったころから、仕事も少なくなってきたせいか、家にも活気がなくなってきたように感じていた。

パーティが終わって、みんなが帰ったあとのような静けさ……と言ったらいいだろうか。気楽で快適なはずのひとり暮らしが、胸を張って「快適よ！」と言えなくなってきたのだ。シングルライフを応援する活動（ＮＰＯ法人ＳＳＳ《スリーエス》ネットワーク）を運営しているわたしが、そんな寂しさを感じるなんて、自分でも意外だったが本当のことなのである。

誤解しないでいただきたいのだが、パートナーが欲しいとかいう話ではない。ここを間違わないようにしてくださいね。広い家、広い空間が、言いしれぬ寂しさを際立たせるのだ。自分の生命エネルギーと、部屋のバランスが合わなくなってきた証拠だ。

以前、同じマンションに住む、ご主人を亡くされてひとり暮らしの70歳くらいの方の部屋に伺ったことがある。

玄関を入るとすぐに小さなキッチンがあり、その先に6畳ほどのリビングと、和室のベッドルームが並んでいる。ベランダはあるが、外に出られないほど小さい。リビングに置いてあるダイニングテーブルが、とてつもなく大きく感じられた。生活はすべて、このダイニングテーブルの上でおこなっていると思われた。

しかし、とてもセンスのいい方のようで、フランス人のお部屋のように、あちこちに自分で描いた絵や花が飾ってあり、あたたかい感じがする。

自分の部屋が最高だったはずなのに、自分の部屋より落ち着き、ハッとしたのを、今でも鮮明に覚えている。

じつは、漏水問題で大好きだったマンションを出なくてはならなくなったとき、ショックではあったが、それほど落ち込まなかったのは、ちょうどそのように感じていた時期だったからかもしれない。そう、ピンチがチャンスだったのだ。もちろん、そのときはチャンスとまでは思いもしなかったけれど。

もったいないと思っていたら捨てられない

引っ越しに当たってあらためて部屋の中を見渡すと、あまりにモノが多いことに唖然《あぜん》とした。思い当たる方も少なくないと思うが、広い家に住んでいると、置くところがあるので、自然にモノが増えてしまう。

モノが増えてしまう大きな原因は、捨てないからでも、つい買ってしまうからでもなく、置き場所があるからだと思う。そうです。置くスペースのない家に住んでいれば、買いたくても買えないので、モノは増えない。

引っ越し先は、実家の2階の1部屋。3LDKからワンルームへ移るのだ。引っ越しは業者にしてもらうにしても、その前段階の不用品と持ち出すモノの仕分けは自分でやらざるをえない。

毎日1か所ずつ片付けて、30日で終わる計算で始めた。

まずは洗面所から。

普段から、使わない化粧品や試供品などはこまめに捨てていたので、ここはわりと簡単に済んだ。それでも、ウイッグが4つもあったり、ドライヤーが2つもあったり、柔軟剤やスプレー缶もゴロゴロしていた。

タオルの数も半端ではなかった。無地のタオルは、ホテルでもないのに各色5枚ずつあった。海外で買った、柄のきれいな小ぶりのタオルは数え切れないほどあった。

そこで、わたしはワンルームに住むにあたり、持ち出しのルールを決めることにした。

まず、仕分けに当たっては、感情をはさまないこと、思い出に酔わないこと。そして、持って行くモノの基準は「毎日使うモノ」とした。つまり、使い勝手のいいモノだけを持って行き、あとはもったいないが捨てると決めたのだ。

次に数を決めた。どんなモノでも、持って行くのは2つまで。バスタオルも2枚。フェイスタオルも2枚。洗って交換すればいいだけの話だ。

わたしは洗面所の棚に並んでいたタオルたちに「さよなら」を告げると、2枚を残してあとは全部45リットルのゴミ袋に入れ、ゴミに出した。なんて気持ちがいいのだろうか。ガランガランだ。

その調子で、捨てるは捨てる、捨てまくる。リズムに乗ってくると、もう止まらない。捨てるのがどんどん楽しくなっていった。

ところが、タオルや日常品はともかく、値段の張るものが多い家具や置き物などのインテリア雑貨となると、このわたしでもさすがにもったいないという気持ちに駆られた。お気に入りに囲まれて暮らすのが好きなので、家具や置き物など、ひとり暮らしとは思えないほどたくさん持っていたのである。

誰か欲しい人にあげれば喜ばれるかもしれないとも思った。でも、この巨大な食器棚を欲しいと言ってくれる人がいるかしら？　友達に電話して、もらってくれる人を探すのも面倒だし、そんなことをしている時間もない。

とにかく今回は急を要するのだから、あげることは考えずに、持って行けないモノはすべて不用品として引っ越し業者に処分してもらおう。

業者は、わたしのことをバカな女だと思うに違いないが、そんなことを悔しがっていたら捨てられなくなるので、黙々と不用品用の段ボールに詰めることに専念した。こうなるともう無の境地だ。

電子ピアノは欲しいと言ってくれる人が近くにいたので、持って行ってもらうことで、うまくお嫁にいくことができた。ピアノだけでも救われてよかった。

毎日使うモノと大好きなモノは残す

次に手をつけたのがキッチン。

巨大な食器棚とシステムキッチンの扉を開けると、中にぎっしりとモノが詰まっている。知らず知らずのうちに道具は増えるものだと、ため息をついた。そう、こうなったのも収納するスペースがあるからだ。

ひとり暮らしなのに、フライパンは3個もある。鍋は大小さまざまで数え切れない。ホットサンドメーカーもある。たこ焼き器も魚焼き器も、ミキサーもジューサーもある。大量のタッパーに大量の食器、漆器……デパートに並べたらコーナーができるほどある。なんなの、この数は？

捨てるか持って行くかの基準は、洗面所と同じで「毎日使うか」にした。ただし、器は見ているだけでも心が豊かになるので、「ずっと見ていたいか」も規準に入れた。

グラスやカップは、高価だったかどうかは忘れて、使いやすいモノを厳選して2つずつ持って行くことにした。とにかくワンルームに移るのだから、それ以上は無理だ。

素敵な器やグラスがたくさんあっても、毎日手に取るモノは決まっている。パーティのときに使うからととっておいても、実際のところ、ホームパーティはめったにやらない。年に一度か二度、使うか使わないかしれないときのために、貴重なスペースを占領させるのは、それこそもったいない。パーティをやるときはお店を使えばいい。

「長い間、ありがとう。あなたも新しい人生を送ってね」

器たちにそう別れを告げ、段ボールの中にポイ、ポイ。捨てた、捨てた。キッチンはとくに、持って行くモノより捨てたモノのほうがはるかに多く、胸が痛んだ。捨てていると、なんで買ってしまったのだろう、と反省することしきり。でも、そのときは欲しかったのだ。それでいいではないか。

レストランが開けるほどあった調理用具も、鍋3つ、フライパンひとつ、ボウル

絞りこんだ調理用具。手前の鍋はドイツ製の無水鍋。卵や野菜を茹でたり、みそ汁を作ったり、お湯を沸かしたりと何通りにも使え、色も形もかわいいので気に入っている。

2つ、ザルひとつ、お玉ひとつ、菜箸ひと揃えにまで絞りこんだ（29ページ写真参照）。単身赴任のお父さんの引っ越しのようで、おかしくなった。

今回、大量に捨ててわかったことは、一度捨てると、二度と同じようなモノは買わなくなることだ。欲しいモノを見たときに、立ち止まり、必要かどうか考える。迷ったら買うのがポリシーだった買い物好きのわたしだが、今では、お店でいいモノを見つけて買いたくなったとき、自分にこう問いかける。

「この間、同じようなモノを捨てたわよね。それをまた買うの？　あなたって学習してないのね」と。

捨てだすと止まらない、止まらない

捨てるのは一種の快感でもある。なんでも欲しがるおバカな自分との決別でもある。棚に並んでいるものをごそっと捨てるとき、わたしはなんて愚かだったのだろうと思う。こんなに次から次へと買って……。

もちろん、買う喜びというものもあるので、一概には言えない。モノを買うのは快感だ。落ち込んでいるときに買い物をして、気持ちがアップした経験は誰にでもあるだろう。

ベランダが広かったので、テラスセットを置いていたが、これも不用品に出した。天井まで届くほどのグリーンも。広いからこんなことになったんだわ。でも、楽しかったのだからいいことにしよう。

不用品用の段ボールの数は日に日に増え、50枚で足りるはずが、ついに100枚に……。詰めても詰めても不用品はなくならない。

ペットルームは狭いので1回で片付くとたかをくくっていたが、書棚があって本を選別しなくてはならず、そう簡単ではなかった。昨今はブックオフに電話をすれば取りに来てくれるらしいが、それも面倒だったので、マンションの下のゴミ置き場に出しておいたら、翌日にはなくなっていた。人生と同じで、捨てる人がいれば拾う人もいるのだ。

捨てたモノの中に、ひときわ高価なモノがあった。これを言うと、仰天されるかばかにされるかのどちらかなので言いたくないのだが、思い切って言ってしまおう。

ずっとクローゼットの中にあり、何十年も着ていなかったモノ。見るたびに一生着ることはないと思うのだが、あまりに高価なため捨てられなかった100万円のミンクのコートを、今回思い切って捨てた。

質屋に持って行けば数万円にはなるらしいが、100万円したコートが数万円の値打ちしかない現場を見るのは悲しすぎる。そんな場面に遭遇するぐらいなら、いさぎよく捨てたほうがましだ。

これも45リットルのゴミ袋に入れて、ゴミに出した。とにかく、目の前からいなくなっただけでスッキリ。ほんと、好きでもないのにさよならを言えなかった人と別れたあとみたい。

引っ越し当日、２トントラックを３台たのんだが、ワンルームへ向かったのは１台だけ。あとの２台は不用品を乗せ、引っ越し業者とともにどこかへ消えていってしまった。

60過ぎての引っ越しは慣れるのが大変

そういう流れで、母娘でひとつ屋根の下の生活が始まったのである。

わたしとしては、とりあえずの避難先のつもりでいたので、長居をする気はなかった。

母のほうも、夫を亡くしてから10年間のひとり暮らしが快適だったようで、「しかたがないわね」と、家賃の提示をするまでは決してウエルカムではなかった。

自宅が首都圏にあっても、親の家に住み続ける発想がなかったわたしは、誰に言われるでもなく、大学卒業とともに家を出た。離婚したときも、仕事についてはいなかったが、実家に戻ることはなかった。

そのわたしがまさか、60代半ばになって実家に住むことになるとは。

事情を知らない近所の母の友達は、わたしが2階に住んでいることを知り、えらく感動したようだった。

「まあ、なんて親孝行な素晴らしい娘さんなんでしょう。普通、親が介護状態になってやっと帰ってくるのに、まだ介護も必要ないうちから一緒に住んでくれるなんて。主人と感動していたのよ」

それには苦笑した。でも、そういうことにしておこう。日本人は、親子が一緒に暮らすことを幸せと思うようだ。

自然がとくに好きなわけでもない都会のマンション派のわたしが、郊外の戸建てに住むなど考えたこともなかった。

とくに実家は古いので、冬はシベリア大陸のごとく寒い。こんな寒い家によく住めるわねと、マンションの暖かさに慣れていたわたしは、お正月に帰省するたびに「寒い」を連発していたものだ。

そのシベリア大陸に自分が住むことになったのだから、うれしいはずがない。ましてや、親とはいえ人の家だ。そんなに簡単になじむはずもない。

よく、60を過ぎてから住居を替えると大変だと聞く。80を過ぎたらもっと大変で、転居が原因で認知症になったり、命を縮めたりすることもあると聞いている。

わたしの場合、漏水事件というアクシデントがあっての移転だったので、移転すること自体をあまり深刻に考えていなかったが、60代の引っ越しに変わりはないとあとで気づき、ぎょっとした。

この年になると、新しい環境になじむことが、こんなに困難になるとは知らなかった。ここだけの話だが、引っ越してから1年たつまでは、嫌で嫌でノイローゼになるほどだったのである。

都心から遠い、駅から遠い、近所にカフェがない、誰も来ない、夜が暗い……。なじまないものは、いくら時間がたってもなじまない。

以前のわたしなら、早々に見切りをつけ、新しいマンションを見つけて引っ越したに違いない。しかし今回は、引っ越しをしただけで疲れ、環境になじむのに疲れ、次のマンション探しをする気力はもはや残っていなかった。

いくら元気でも、やはり年齢というのはあるようだ。

自然とともにある暮らしのよさに気づく

マンションは便利で快適で安全だ。老後は郊外の戸建てを離れて都会のマンションに居を移す人が多いというのに、わたしはその逆を行くことになった。不便で寒くてと嫌な面はたくさんあるが、自然とともに始まる1日は、なんといっても郊外の戸建ての魅力のひとつだろう。

朝、鳥の声で目が覚める。ベッドのすぐ上の窓を開けると、朝日が差し込み、「今日は晴天か」とわかる。

新聞屋さんのバイクの音が、今日の始まりを知らせてくれる。昼近くになると、ガレージを開ける音、車を出す音など、近所の生活音がしてくる。窓ひとつで外と内が仕切られた戸建ての暮らしは、自然と一体となっている感じがする。

これは久しくなかった感覚だ。便利・安全・楽な生活もいいが、この暮らし方もいいかもしれない。

季節を肌で感じ、寒いの暑いのと言い、野良猫にえさをあげ、家猫が外に出てしまったと言っては大騒ぎし、天気予報で大雪と聞けば夜中に外を伺い、雪かき用のスコップがないとうろたえ、雪かきで腰を痛める。それもこれも、自然とともにある生活なのである。


不便というマイナス面を見ないで、プラス面を見て楽しめば、味わい深い暮らし方といえる。こんなふうに、マイナスをマイナスと見ない考え方ができるようになったのは、わたしにとり大きな変化である。マイナスを取り除こうとする生き方は、もうやめよう。


尊敬するお坊さんにこのことを話すと、こう言われた。

「自分の意志ではなく、自然な流れで実家に住むことになった。受け入れたらどうですか。自然に身をまかせて生きることが大事ですよ。

ひとりという生き方は人間を狭める。母親の老いを、じっくりと見せてもらいなさい」

緑が多い自宅の庭。

キッチンがないと暮らせない

2階には、階段をはさんで10畳ほどの部屋が2つある。ひとつは母が寝室として使っている部屋だ。88歳で2階で寝ていることから、どれだけ元気かわかるだろう。当初は仮の宿のつもりだったので、1部屋でもいいと思っていたが、長く住むかもしれないとなると、とても1部屋では暮らせない。家で仕事をするわたしは、どんなに狭くてもいいので、仕事部屋が別に必要なのである。

言い出しにくかったが、母にお願いして2階から1階に下りてもらうことにし、もう1部屋を確保した。2階が全部、自分の居住空間になって、やっと少しのびのびできるようになり、部屋を整える気になってきた。

そこではたと気づいた。2階にもともとトイレはあったものの、キッチンがないのだ。

キッチンさえあれば、同居でも独立して暮らせる。「お母さんがご飯を作ってくれていいわね」「一緒に食べられていいわね」と言う人もいるが、たまにならいいが、毎日はつらい。ずっとひとりで生きてきたので、自分で作ったご飯を自分のペースで食べたい。

しかし、２階に新しくキッチンをつけるということは、この家に定住することを意味する。それに何より、水回りの工事はお金もかかる。これから長く続くひとりの老後を考えるとき、無駄なお金は使いたくない。でも、キッチンがないと暮らせない……。

そんなことを思い悩み、実際にキッチンをつける決断をするまでに約半年かかった。

ようやく心を決め、近所のリフォーム屋さんに相談に行った。

わたしの希望は小さなキッチン。モノも道具も整理してきたので、コンパクトでいい。第一、10畳ほどの部屋に普通サイズのキッチンをつけたら、部屋が狭くなってしまう。

カタログの最後のページに載っていた、長さ114センチの、おままごとのようなかわいいキッチンをつけてもらうことにした。小さすぎて料理がしにくいのはわかっていたが、もう大きいものにはうんざりしていたので、迷いながらも決めた。

コンロは、ホームセンターで5〜6千円で売っていた、1口のIHにした。目黒のマンションでは、3口のコンロにグリルのついた数十万円もするIHコンロをつけていたが、グリルはほとんど使ったことがなかったし、お湯はティファールで沸かすのでコンロもひとつで十分。

現在、わたしは1口コンロでなんでも料理をしている。1口しかないと、頭を使うので、ボケ防止にもなり一石二鳥だ。

冷蔵庫も、マンションにいたときは、もちろん3ドアの大型のものを使っていた。しかし今は、上に電子レンジを置ける、背の低い単身者用の小型冷蔵庫に切り替えた。小さいので、ビールとワインを除いて、食品の買い置きはしない。生鮮食料品は買ったその日のうちに食べる。

小窓をいかす意味でも、小さな冷蔵庫にして大正解。毎日目にする冷蔵庫や電子レンジは、機能よりデザインを優先した。

調味料も保存品も何もかも少なくした。とにかく狭いので、モノを置くところがないのである。

ミキサーもジューサーも捨ててきた。以前から見ているだけで邪魔だと思っていたので、正直、捨ててほっとした。キッチン用品にはさまざまなものがあるが、なくてもなんとかなるものは多い。

小さいキッチンはコックピットみたいで、とても使いやすい。調理台がないのが不便と言えば不便だが、キャンプ感覚で工夫すればまったく問題ない。キッチンが小さいと汚れ物もためられないので、すぐに洗って片付ける癖もついた。

食器棚は、ペンシルのように細いものをニトリで購入した。持ってきた食器類はすべてここに収まった。数は少ないが、全部使いやすくて大好きなものばかりだ。

この小さなキッチンにしてから、「あれ、どこにしまったかしら?」がない。なぜなら、すべてがひと目で見渡せるからだ。

ひと目で見渡せるぐらいにモノを減らし、工夫して使うようにすれば、生活はぐっと楽しくなることを身を持って感じている毎日だ。

収納スペースがないほど生活は快適になる

マンション時代は、どうしたらうまく収納できるか、いつも頭を悩ませていた。あんなに広い部屋に住んでいたのに、収納に悩まされていたとは考えにくいが、そんなものだ。

現在のわたしの部屋には、収納場所がほとんどない。いえ、少しはあるが、すでにそこは母のモノで占領されているので、すべてを使うことはできない。

そんな状況の中でも、わたしは収納に困っていない。

なぜなら、モノが少ないからだ。クローゼットの中、引き出しの中、食器棚の中、シンクの下……どこを開けてもモノが極端に少ないので、ひと目で見渡せ、ひと目で取り出せる。

収納スペースがないから、新しいモノも気軽には買わない。買わないから、モノも増えない。

収納スペースがないというのはこんなにいいことかと、改めて感じている。


年をとるといろいろなことが面倒になってくるが、だからといって、自分で管理できない生活は苦痛だ。わたしも年々、書類や通帳や年金などの管理が面倒でストレスになっているが、それでもすべてを把握しておきたい。

モノもそれと同じで、自分が何を持っていて、それらがどこにしまってあるか、わかっていたい。自分の目の届く範囲におさめておきたい。「あれ、どこにしまったかしら?」「まだ持っていたかしら?」ばかりでは、うんざりしてしまう。

モノの少ない生活、収納スペースのない生活こそ身も心も快適だということを、わたしは今、肌で感じているところだ。強がりではなく。

第2章

狭くてもお気に入りに囲まれて暮らす

明かりが部屋の雰囲気を作る

38歳で最初のマンションを購入するまでのわたしは、引っ越し魔だった。数えたらなんと17回も移転していたのだから、自分でも驚く。

そのたびにモノを捨ててきたが、30代のときから、ずっとわたしと一緒だったモノがある。それは、壺にかさをつけたオリエンタル調のランプだ。

20代のころ、遊学していたアメリカのホームステイ先で、明かりが部屋の雰囲気を作ることを知った。

日本では今でも天井に蛍光灯をつけている家が多いが、アメリカでは間接照明が普通で、どの家に行っても室内には淡い明るさが漂っている。本や新聞を読むときなど、明かりが必要なときは、手元を照らすランプやスタンドを利用するのが一般的だ。

その体験から、帰国してからずっと今に至るまで、わたしの部屋は間接照明。間接照明のオレンジ色の光にはやさしさと暖かさがあり、大好きだ。天井の照明はモノを探すときしか使わない。

現在の家に引っ越してから仲間入りをした、キャンドルの形をしたランプは、今いちばんのお気に入りだ。布花《ぬのばな》（64ページ参照）の先生の個展で暖炉の演出に使われていたもので、思わず「これ素敵ですね！　どこで売っているんですか？」と尋ねたところ、譲ってくださったのだ。これぞひと目ぼれだ。どうやら日本のものではないらしい。

この子は、朝起きてから寝るときまで、ゆらゆらと本物のキャンドルの火のように揺れ、部屋の雰囲気を作ってくれている。

明かりは、わたしにとり、どんな家具より小物より大事なものである。部屋もお店もそうだが、雰囲気は明かりで決まると思う。明るすぎても暗すぎてもいけない。その場に合った、ほどよい明るさとやさしい色に気づく人は少ないが、インテリアの重要なポイントだと思う。

30代からずっと一緒のランプ。昔、原宿で仕事をしていたころに足しげく通ったオリエンタルバザーで求めた。陶器の壺とかさを選んで作ってもらったオリジナルランプだ。

わたしのお気に入りのランプたち。左から２番目が、布花の先生にいただいた、まるで本物のように炎がゆらゆら揺れるキャンドル型のランプ。

お気に入りの家具があれば自分らしい空間になる

わたしの趣味は部屋の模様替えだ。ソファに座っていてふとソファの位置を変えてみたくなったり、ベッドルームと仕事場を入れ替えたりは日常茶飯事。重い家具の配置替えは大変だが、思いついたらすぐにやらないと気がすまないので、夜中でもひとりでも始まってしまう。

よく友達に「また替えたの⁉」とあきれられるが、模様替えをする人は前向きに生きている証拠だと誰かから聞いて、納得した。気持ちがアップしていなければ、ベッドなど動かす気にはなれないものだ。

家具の配置はいろいろと替えるが、好きな部屋の雰囲気はずっと変わらない。日本好きの外国人のお宅のような、オリエンタルなインテリア。そう、和洋混合のインテリアが好きなのだ。

調度品も、オリエンタルな雰囲気のものが好きだ。昨今はオリエンタル家具のお店も多く、若い人の間でもバリやタイの家具は人気のようだが、まだ日本で簡単に手に入らないころから、横浜の元町などに出かけては買っていた。40代のころは、香港にもよく家具を探しに行った。

そんな中でも気に入っているのは、置いてあるだけで部屋がオリエンタルになる、中国製の黒の漆の引き出しだ。

中国の家具の特徴は、引き出しが多いこと。浅い引き出しがたくさんついているのがうれしい。

日本の収納家具はどれもサイズがありきたりで、小物の整理がしにくいが、この家具はアクセサリーからソックス、下着まで細かく分けてしまうことができ、とても重宝。漆のやわらかい質感と、つややかな色も好きだ。

今まで、いろいろなタイプの部屋に住んできたが、ずっと一緒だったのは、先ほどの壺のスタンドと、この中国製の黒の漆もの。今や漆がはげてぼろぼろだが、捨てることはありえない。

一番奥が、お気に入りの黒漆の引き出し。今は狭いので、漆の家具を３つ並べて置いている。

この屏風も、30代のころ原宿のオリエンタルバザーで買ったもの。広げるスペースがないので、壁に沿わせて置いている。牛のようなよくわからない置き物もずっと一緒。

毎日使うテーブルと椅子はいいモノを選ぶ

いつだったか忘れたが、めったに行かない新宿のザ・コンランショップで、衝撃的なものを見てしまった。何これ！　すごすぎる！　こんなすごいものを作ったのは誰！　もう、目が釘付けで、身動きできない。

フランス製の椅子だが、背もたれに動物の角のデザインが施されていて、テーブルを囲んでいた。まるで、森の動物たちが集まっているような風景だ。バッファローの角、鹿の角、羊の角……。ああ、なんて素敵なの。これがアートよ。

もし、自分の家にこの椅子があったら、どんなに悲しいことがあっても耐えられる。童話が好きだった子どものころがよみがえり、気がつくと6脚も注文していた。この椅子に合う無垢の木のテーブルとともに。

しかし、値段がかわいくなかった。興奮していたせいか、ひと桁誤って見ていたらしい。注文したあとに気づき、真っ青になった。そして価格は、わたしにとり天文学的な数字となった。ご存知だと思うが、ザ・コンランショップの家具はとても高い。

この無垢のテーブルも動物の椅子も、わたしと一緒に引っ越してきた。玄関から入らないのではと心配になったが、なんとか収まったのでほっとした。

毎日使うテーブルはいいものを買うというのが、わたしの考えだ。いいものなら飽きないし、大切にする。ひとり暮らしだからなんでもいいと言う人もいるが、ひとり暮らしだからこそ、うっとりするテーブルでご飯を食べるべきではないかしら。

いい家具に囲まれていると、それだけで心が落ち着くので、家具だけはけちらない方針で今まできている。洋服を買うと思えは、家具は安いものだ。洋服はシーズンで飽きてしまうが、家具は一生もの。洋服を10枚買ったと思えば、とびきり素敵な家具が買える。

目黒のマンションで主役だったテーブルと椅子は、この2階の小さな部屋でも存在感を示している。

お気に入りの動物の角の椅子と無垢のテーブル。わたしはバッファローの角が好き。鹿の角も存在感があっていいのだが、通るときに洋服が角に引っかかることたびたび。

もともと母の寝室だった名残で、わたしが 19 歳のときに写真館で撮った写真が飾ってある。テーブルの上はいつもこんな感じに飾っていて、大好きな空間になっている。

シンプル生活でも猫だけは欠かせない

お気に入りの家具を除いて、どんなに住居が変わろうがいつも一緒にいるもの、それは猫だ。

引っ越しのときに一番困るのは、猫のこと。猫は犬と違って家につく動物だ。場所が変わるのが一番つらいことはわかっている。移動は大丈夫だろうか。新しい家に慣れてくれるだろうか。わたしのことをわがままだと悪く思っていないだろうか。

しかし、案ずるより産むが易しではないが、移動中は鳴きもせず、新しい家に着いても隠れることもなく、飼い主のわたしを喜ばせた。

なぜなら、マンションにいたときは、いつも暗いクローゼットの隅にいてほとんど出てこなかったからだ。どういうわけか、こちらに来てからは、わたしから見えるところにいるようになった。もしかしたら、狭くて隠れるところがないのかもしれないが。理由はなんにせよ、いつも姿を見せてくれているので、わたしとしてはうれしくてたまらない。

仕事をしているとプリンターの上に。テレビを見ているとソファに。そのため部屋の中は毛だらけだが、動物と暮らしているのだから文句はいえない。

ああ、なんてきれいなの。なんて美しいの。猫は歩く美術品だわ。

しかし、うちの子、グレはちょっと変わっている。グレという名前が悪かったのか、グレている。飼い主のわたしともう7年も一緒にいるのに、心を許さないところがあって、油断もすきもない。

ゴロンとしておなかを見せているグレに、顔を近づけて「大好き、大好き」と言えるのは2回まで。3回目にはガブッとくる。

何を考えているかわからないが、美しいのでいいことにしている。猫はパーフェクトビューティ。どこから見ても美しい。そんな美しいものがいつも一緒にいてくれるのだから、こんな幸せなことはないといつも思っている。

性格がどうであれ、美しいからいいさ。でも、ほんとに何を考えているのかしら。

うちのコ、グレ（上と左ページ）と、毎朝ご飯をもらいにやってくる近所ののら猫たち（下）。

CD No DISC

心から没頭できる趣味があれば幸せ

動物の角の椅子を見たときと同じ衝撃を、「布花」の個展会場で受けた。友人が習っている先生の個展に誘われ、軽い気持ちで見に行ったときのことだ。

「何これ⁉ これだわ！」。これを習いたい、とその場で思った。

布花とは、山上るいさんが始めたシルクで作る花の世界だ。るいさんは残念なことにすでに故人となり、お弟子さんが先生となって、それぞれの場で教えている。

山上るいさんの花はアートだ。美しい。妖精の世界に咲く花、と言ったらわかりやすいだろうか。

とにかく「これだ！」と電流が流れ、すぐに個展をなさっていた先生の教室に通うことにしたのである。

自分で作ってみてわかった布花の奥の深さ、繊細さ。色ひとつとってもアートしている。山上るいさんは素晴らしい芸術家だ。作品集を見ているだけで、引き込まれてしまう。こんなすごい芸術家が日本にいたとは知らなかった。

人生はすべて出会いだ。ビビッとくる出会いは、そう何度もない。だから、ビビッときたら、悩んだり考えたりしないで、つかみに行きたい。

家から2時間かけてお稽古に通うとは、昔のわたしには考えられないことだ。「遠いから」は言い訳でしかない。好きなら距離は関係ないのだ。

布花は、細かいので時間がかかる。大きな作品を作るとなると、何年もかかるほどだ。大きな作品にはあこがれるが、根気のないわたしは大きなものに挑戦するのはやめて、花一輪で満足している。

初めて作ったライラックは、いつ見ても美しく、わたしの暮らしに文字通り花を添えてくれている。

初めて作ったライラックの布花。シルクの生地を花びら型に切り、色を染め、コテで丸みをつけ、何枚も重ねて花びらを作る。それらをまとめて組み合わせ、ようやく完成する。

バラ作りで使う花びらを、自分流にまとめてみた作品。光があたるところに置くと、繊細な布花がさらに美しく輝いて見える。部屋中を布花で埋め尽くしたいほどだ。

布花作りで一番楽しいのは、それぞれのパーツを作り終えて、成型する段階。長時間の作業で投げ出したくなることもあるが、完成したときの達成感は何ものにも代えがたい。

第3章

小さいキッチンでも
食事は楽しめる

ひとりご飯には楕円形の小皿が大活躍

器が大好きで、マンション時代にはレストランが開けるほど器を持っていたことは、先に話した通りだ。

使わない器を徹底的に処分し、ペンシルのような食器棚に収まるごくわずかな数だけを持ってきた。料理が大好きなのに、自分でもよく大胆にここまで器の数を少なくできたなあと感心する。

捨てられずに命拾いした器たちは、いいもの、高価なものではなく、毎日使っていた使い勝手のいいもの。器は美術品ではないのだから、使わないと意味がないと思う。使わない器は出番のない役者と同じで、気の毒で見ていられない。

目黒のマンションと違い、地の利の悪い現在のこの家で、友人たちを呼んでパーティを開くことはなさそうだ。そうなると、ご飯は基本、ひとりだ。

大活躍の楕円形の小皿たち。とくに、左側上部の3枚は、チーズ、果物、じゃこ、カステラなどのデザートなど、何を盛ってもかわいくて、食欲を刺激される。

ひとりの食卓で毎日使うもの。毎日使っていても飽きないもの。その結果、選ばれたのが、楕円形の小皿たちである。

たくさんお皿がある中で、決まって手が伸びるのは、この楕円形の小皿たちなのである。友人が住んでいる群馬のインテリア雑貨店で、偶然に見つけたものだ。

楕円形の小皿の使い勝手のよさのひとつは、丸皿にくらべて場所をとらないこと。もうひとつは、トマトだけ、きゅうりだけなど、1品だけのせても絵になるし、食欲をそそられること。不思議なお皿だ。一度、楕円形の小皿を使ったら、もう普通の丸皿は使えない。

しかし、同じ楕円形でも大皿はいただけない。楕円形は、なんと言っても小皿に限る。

ひとり暮らしの食卓を楽しくしてくれる楕円形の小皿たち。わたしのひとりご飯を楽しませてくれる小皿たちに感謝。

小さい冷蔵庫で、買い置きはしない

目黒のマンションのときは、たいていのお宅にあるような大型の冷蔵庫を使っていた。

冷静に考えてみると、ひとり暮らしのわたしに、家族持ちと同じ大きさの冷蔵庫など必要なかった。それなのに買ってしまったのは、ただ単純に欲しかったからだ。知らないうちにＣＭの影響を受け、あってもなくてもいいチルドにひかれたなんて、自分でも情けなくなる。

機能満載の大型冷蔵庫の欠点は、容量が大きいため、食料品を必要以上に買ってしまうことだ。当時はわたしも、明日にも災害が来るかのようなまとめ買いをよくしていたものだ。

ある日気がつくと、買い置きしていた野菜は冷蔵庫の片隅で忘れ去られ、無残な姿に変貌。しなびて見る影もなくなったきゅうりが出てきたときは、自分のだらしなさに辟易《へきえき》した。

ではは小型の冷蔵庫がいいかというと、小さいなりに欠点はある。ビールを冷やすにも、ケースごと、半ダースごとというわけにはいかない。キャベツも白菜も、丸ごとポンとは入らない。

ちょっと早まったかしら？　小型冷蔵庫を使いはじめて3日目に軽く後悔した。昔の人はいいことを言ったものだ。やはり、大は小を兼ねるのかもしれない。

冷蔵庫を前にわたしは考え、はたと気づいた。そうだ、買い置きしなければいいのだと。食品は、今日明日食べる分だけ買えばいいのだ。毎日必要な分だけ買って、買った分を使えば、保存するための大きな冷蔵庫はなくても大丈夫だと気づいた。

買ってすぐ調理すれば、新鮮なうちに食べることができるし、冷蔵庫の中で腐らせることもなく、無駄もなくなる。

収納スペースがないというのは、決して悪いことではなく、工夫次第でどうにでもなることを小型冷蔵庫からも学んだ。

小さい冷蔵庫用の食品の買い方

・野菜

キャベツは4分の1カットのものを。玉ねぎ、じゃがいも、にんじんなどは1個ずつ。安いからといって、袋入りは買わない。

長ねぎは薬味に使えるので、1本買い。余ったらみじん切りにして、小分けにして冷凍保存する。ほうれん草や小松菜などの葉物の余りも同じで、ゆでて小分けにして冷凍保存。これらを食べ終わるまで、次の新鮮野菜は買わない。

・調味料

しょうゆや酒、酢などの基本調味料は、小さい瓶で買う。

マヨネーズやケチャップは基本的に使わないが、どうしても必要なときは、使い切りパックのものを買う。ひとり暮らしで、賞味期限以内にマヨネーズを1本使い切れる人って、どれだけいるのかしら。

・果物

どんなに好きなりんごやグレープフルーツでも、毎日、同じ果物を食べなくてはならないのはつらいものがある。果物こそ1個買いがベスト。その日に食べたい1個を買って食べきる。

バナナも、高くつくが1本売りを買う。高いといっても98円ぐらいだし、それでリッチな気分になれるから不思議だ。安いからといって1房買っても、腐らせるのが常だ。

・肉

肉は冷凍がきくので、ひとり暮らしには便利な素材だ。牛肉、豚肉、鶏肉問わず、小分けにしていつも冷凍庫に入れている。

・魚

これが曲者だが、焼き魚はしないと決める。魚料理は外で食べて、バランスをとる。

調味料は10種類だけで十分

この先、エスニック料理にチャレンジする気も、珍しいカレーに挑戦する気もないので、いろいろな種類の調味料はもういらない。

60代以上の方にはわかっていただけると思うが、こってり料理など家で食べる気はしない。手の込んだ料理もいらない。もし、凝った料理を食べたくなったら、レストランに行けばいいのだ。

料理は、手をかけたからおいしくなるというものでもないと思う。おいしいものはシンプル。家でいただくご飯はシンプルが一番いい。納豆またはお豆腐と、ちょっとした野菜と、少しのお肉があれば、わたしはそれで満足だ。

そんなわけで、調味料は毎日使うものだけにして、スパイスなど、ほとんどの調味料を捨てた。

調味料が少なくなると、気持ちもすっきりする。こんなに無駄なものをよく買っていたものだ。もう二度と買わないだろう。どんなに高いスパイスを持っていても、使わなければゴミをためているのと同じことだ。市販のドレッシングや焼き肉のたれのような合わせ調味料は、もともと好きでなかったので、持っていない。

今、わたしのキッチンの調味料箱に入っているのは、次の10種類だけ。

しょうゆ、日本酒、酢、オリーブオイル、塩、こしょう、七味唐辛子、ローリエ、カレー粉、砂糖（はちみつ）

みなさん、調味料を持ちすぎていませんか？　市販の調味料に頼りすぎていませんか？　すっきりした調味料箱を見ていると、逆に何か作りたくなってくるので、不思議だ。

ここまで書いて気づいたのだが、わたしの食事はもしかして健康的？　もしかして長生きする？　長生きはしたくないのに、どうしよう。

わが家の10種類の調味料。わが家は、母もわたしもオリーブオイル党。揚げ物にもオリーブオイルを使うほどで、サラダオイルは持っていない。りんごの形の塩と砂糖壺はニトリで購入。

オススメ！　1日の終わりのひとりワインタイム

わたしは酒飲みではないが、食事にお酒は欠かせない。とくに60を過ぎてから、さびしいのかなんなのかわからないが、お酒のない日はないほどだ。そうは言ってもグラスに1杯程度だが。

日本酒、紹興酒、ビール……焼酎以外ならなんでもオーケーだが、ひとりで自宅で飲むときは、たいていワインと決まっている。

何のために、この世にワインなる美しく妖《あや》しいお酒が存在するのか？　決してポリフェノールで健康になるためではなく、おいしくご飯をいただくためだ。ワインは、酔っ払うためではなく、食事をおいしくいただくためにあるのだとつくづく思う。

60代になってからというもの、ひとりワインタイムが待ち遠しくて、外出先で用事が終わると早く家に帰りたくてしょうがない。ひとりワインタイムで1日の締めをするのが、今のわたしにはこのうえない楽しみだ。仕事を終えて家での晩酌を楽しみにするお父さんたちの気持ちがよくわかる。

今日のワインのお供は何にしよう。デパートでチーズを買って、あとは……。疲れて料理をする気になれないときでも、出来合いのお惣菜は買わない。簡単なものでも自分で作る。冷蔵庫に何もないときは、卵焼きでもりっぱなおつまみになる。

2階の自分の部屋に帰り、7年いてもなつかない猫にえさをあげ、料理といえない簡単なおつまみを用意し、赤ワインをグラスについで、「お疲れさま！」と口に出して乾杯するのが日課だ。

30代のときにはあんなに空しかったひとりご飯が、60代になってから最高のひとりご飯になるとは、生きていてよかったの一言である。

大好きな夜のひとりワインタイム。おつまみの定番はビタミンサラダとチーズだ。チーズはデパートで試食させてもらい、毎回、違う種類を買うのが最近の楽しみ。

（ビタミンサラダのレシピは 84 ページ）

ひとりご飯料理は短時間でシンプルに

わたしが作るひとりご飯は、基本的に、煮る・焼く・炒める・茹でるのどれかひと手間、そして調理時間は10分以内である。下ごしらえの必要なものや揚げ物は外で食べればいいと考えているからだ。

たまにならいいが、毎日、自分ひとりの食事のために、手間ひまかけて料理するのはストレス。たくさんの道具や材料でキッチンが埋め尽くされるのもストレス。

わたしの場合、野菜を茹でるのに30秒とかからない無水鍋（29ページ参照）が大活躍している。道具は大事ですね。

おひとりさまはどうしても栄養が偏りがちになるので、手間の手抜きはしても、栄養バランスの手抜きはしたくない。おすすめは黒豆入り玄米ご飯。締めにこのご飯を食べれば、「1日に20品目食べなくちゃ」と悩まずにすむ。

❖ ビタミンサラダ ❖

材料（1人分）

ミニトマト……5個
スナップエンドウ……5本
かぶ……小1個
A
レーズン、くるみ……各ひとつかみ
オリーブオイル……大さじ1〜好みで
白ワインビネガー……大さじ1〜好みで
はちみつ……数滴
塩・こしょう……各少々

作り方

❶ ミニトマトは半分に切る。スナップエンドウはさっとゆでて半分に切る。カブは皮をむいて乱切りにする。くるみは細かくくだく。
❷ ボウルに、ミニトマト、スナップエンドウ、かぶを入れ、Aを加えて混ぜる。塩・こしょうで味を調える。
❸ 器に盛り、レーズンとくるみをトッピングする。
*はちみつは隠し味なので入れすぎないこと。
*レーズンは、さっと湯通しするとやわらかくなる。

❖ 黒豆入り玄米ご飯 ❖

材料（作りやすい量）

玄米……2合
黒豆……1カップ

作り方

❶ 黒豆とひたひたの水を小鍋に入れて、水が黒くなるまで数分煮る。
❷ 玄米を炊飯器に入れ、黒豆と煮汁を加える。玄米モードのラインまで水を足して、軽く混ぜる。水は気持ち多めに。
❸ 玄米モードで炊く。炊き上がったら混ぜる。
❹ すぐ食べる分を残し、1食分ずつラップに包んで冷凍保存する。
*黒豆入り玄米に黒のすりゴマと塩をぱらりとふると、完全食だそうだ。

❖ イカカレー ❖

材料（4杯分）

イカ……1杯
玉ねぎ……大1個
カレー粉……大さじ1
ローリエ……1～2枚
カレールウ……適量
塩・こしょう……各少々
オリーブオイル……大さじ1

作り方

❶ 玉ねぎは1センチ角に切る。イカははらわたを除いて真ん中をさき、1センチ幅に切る（皮はつけたままでOK）。足もざくざくと切る。
❷ 鍋にオリーブオイルをひき、5分ほど玉ねぎを炒める。イカを加えてさらに炒め、イカの色が変わったら、カレー粉をまぶし、ローリエを加える。
❸ 多めのひたひた程度の水を加える。
❹ 沸騰したら、カレールウを加える。仕上げに塩・こしょうで味を調える。
＊玉ねぎは細かく切りすぎないこと。
＊カレールウの量は味を見ながら調整してください。

❖ 豆腐のピカタ ❖

材料（1人分）

もめん豆腐……½丁
卵……1個
長ねぎ……適量
オイル……大さじ1
しょうゆ……少々

作り方

❶ 豆腐は1センチの厚さに切り、ざるにあげて水気を切っておく。長ねぎは白髪ねぎにする。卵は溶いておく。
❷ フライパンにオイルを入れ、あたためる。豆腐を溶き卵につけて、弱火で焼く。色がついたら、引っくり返す。
❸ 器に盛り、白髪ねぎをのせる。食べる直前にしょうゆをひと回しする。

黒豆入り玄米ほど、おいしい玄米の食べ方はないのではないだろうか。玄米に黒豆を混ぜて炊くと、お赤飯のような色になり、味はもちろん、見た目もおいしそうになる。（レシピは84ページ）

お昼に家にいる日が続くときに定番の、イカカレー。普通のカレーより短時間でできて、もたれないので、イカ好きの方におすすめ。黒豆入り玄米はカレーにもよく合う。（レシピは85ページ）

豆腐のピカタは、ワインより、冷酒かビールが飲みたい日によく作る。お豆腐は本当に素敵な食材だ。そのままでもおいしいし、油を加えるとまた違うおいしさになる。（レシピは85ページ）

第4章

60代、女はまだまだ これからよ

メイクの仕上げにキラキラのホワイト

女性にとり、老いを受け入れるのは難しい。先日、友人と「他人は衰えてもいいけど、自分が衰えるのは気に入らないわよね」という話で盛り上がった。でも残念だが、どんなに行いのよい人でも、老いは止められない。

ここだけの話、講演会では、皆さんを元気づけるために「人は中身よ！　外見なんか関係ないわ」と言っているわたしだが、外見は中身と同じくらい大事だ。はっきり言って60歳を過ぎたら、何もしなければ見られたものではない。どんなに色白の元美人でも、残念なことに肌は土色になってくる。わたしも、鏡を見てゾッとしない日はない。でもそれでも、女は生きていかなくてはならないのだ。女はつらいよ。

講演会などで人前に立つことが多いこともあり、メイクには結構気を使っている。

わたしのメイクのポイントは、ホワイトを使うこと。まず、化粧下地にホワイト系のカラーベースを使う。これでかなり透明感が出る。

ファンデーションは、厚くつけると老けて見えるので、薄めにつける。とにかく60代メイクのポイントは、アイメイクなどのポイントメイクではなく、ベース作りだ。キャンバスがくすんでいたらきれいな絵が描けないのと同じで、透明感のある肌が大事だ。

毎日ひとつ増えているのではと思われるほどシミの多いわたしだが、シミはコンシーラーで抑えれば、かなりきれいに見せることができる。

そして、60代のくすんだ肌の仕上げだが、ここが一番重要なので聞いてほしい。最後に、ハイライトフェイスカラー（パールが入った白のグラデーション）を、目の下と目のまわりにブラシでつけることだ。目のまわりが白く輝いているとイキイキと見えるのでお試しあれ。

白いハイライトは「あら、わたし、まだいけるわ！」と前向きな気持ちにしてくれるすぐれものである。

つけまつげは60代以上の強い味方

若い女性の間で、つけまつげが流行している。

ドラッグストアや100円ショップに行くと、さまざまな種類のつけまつげが並んでいる。宝塚のような鳥の羽のような、バサバサ音がしそうなものもあれば、ても自然に見えるものもある。

じつは、65歳を過ぎてから、取材で撮影されるのが苦痛になっている。なぜなら、自分のイメージと、写真の自分との間にあまりにもギャップがあるからだ。

えっ、こんなに老けているの？　これ、わたし？　そのたびに落ち込む。

もう、人前に顔をさらせる年ではないわ。テレビの取材がきても、もう絶対に出ない。年齢相応に老けるのは自然なことのはずだが、画面や写真で見せつけられるのは、本当につらい。

わたしの場合、日に日に深くなるほうれい線も気になるが、それよりも、いくらアイラインを引いても間に合わないほど目が小さくなったことにショックを覚える。やっぱり年をとったのだ。そうですよね。67歳といえば、若い人から見たられっきとしたおばあさんだ。わかっている。よくわかっているが、それでも自分のことになると受け入れられない。

そこで目をつけたのが、つけまつげである。

不思議なもので、まつげがくっきりとして長ければ、目が小さくても、大きく見える。アイメイクもいいが、色を入れすぎると派手になりがち。だが、つけまつげなら、アイメイクをしなくてもいいので、意外とナチュラルな仕上がりになる。加えてつけまつげは、つけるのも簡単、とるのも簡単なので、わたしはここぞというときに愛用している。

ここだけの話、つけまつげを使うようになってから、自信を持って人前に出られるようになった。税込１０８円で自信を持てるつけまつげは、今のわたしにはなくてはならないアイテムなのである。

60代メイクの三種の神器。金髪ウイッグは、お店の人にすすめられ、結構似合ったので買ってしまったが、まだつけて外に出たことはない。茶色のほうは部分ウイッグ。こちらは出番多し。

フルウイッグをかぶり、つけまつげをつけ、ホワイトをブラシで塗り……。まあ、これがわたし？　やればできるじゃないの。

ウイッグで10歳は若くなれる

年を重ねるにつれ、髪も細り、ぱさぱさになってくる。人のぱさぱさ髪は気にならないが、自分のは気になるものだ。

日本人形のように髪が多い人は別だが、普通の人の場合、お辞儀をすると、頭のてっぺんの地肌が見えたりする。自分のてっぺんは見る機会がないので平気でいられるが、「わあお」である。

聞いた話によると、テレビコマーシャルの影響か、最近、有料老人ホームでは、てっぺんだけにつける部分ウイッグが流行しているそうだ。

この間、フルーツパーラーに入ったら、中高年の女性7人のうち、なんと5人がウイッグをつけていた。それも、ものすごく上手につけていた。見抜けたのは、ウイッグに詳しいわたしだけではないかと思うわたしが素敵と思うお年寄りは、顔でも肌でもなく、髪の毛がきれいな人のことが多い。肌の衰えはどんなに塗ってもごまかせないが、髪はふわっとしていてつやがあれば、それだけでイキイキとして美しく見える。髪は顔の額縁だ。下手な絵でも、豪華な額縁に入れたら見られるようになるのと同じだ。

年を重ねるにつれ、髪は重要なポイントになる。白髪混じりもいいが、汚く見えることもあるので要注意。また、ロングヘアも髪と顔のバランスが悪く老けて見えがちなので、気をつけたい。

わたしも40代までは長い髪だったが、50代になってからショートヘアにした。そのショートヘアも地毛だけではもたなくなり、60代になってからは部分ウイッグやフルウイッグを使い、自信のある自分を作るべく、がんばっているところだ。

若作りをする気はないし、若作りは度が過ぎるとみにくいものだが、イキイキ見せるのは気持ちもアップするのでよいことではないだろうか。60歳を過ぎると、「今日のわたし、大丈夫だわ」と思えないと外にも出たくなくなる。気持ちがダウンしているときは、ウイッグをつけて出かけたい。

アクセサリーはキラキラに限る

目黒のマンションにいたころは、大好きな中国製の調度品をアクセサリー入れとして、5段の引き出しを全部使っていた。アクセサリーはなんて魅力的なのだろうといつも思う。お姫様になったような、ワクワクした気持ちになる。

折を見ては引き出しの中を整理してきたつもりだったが、それでも5段のアクセサリーは多すぎる。そこで引っ越しを機に、アクセサリーは1段だけと決めた。もったいないが、それを言ったら次に進めないので、ざざざと捨てることにした。

捨てに捨てまくり、残ったのが、キラキラのアクセサリーたちである。

ずいぶん前になるが、スワロフスキーを初めて買ったときから、わたしはキラキラの魅力にはまっている。クリスタルの輝き、あの透明感。老いの領域に入った60代のわたしには、必要な輝きだ。

お気に入りのキラキラアクセサリーたち。ドーナツのようなブレスレットは、1000円の安物だが出番多し。左上の花の形のブローチは、キットを買い自分で作った。

キラキラしたものは風水的にもよいらしい。キラキラをつけていると気持ちがアップすること間違いなしだ。透明感、キラキラ感は、人を明るい気持ちにさせてくれる。前を向いて歩もうよという気分にさせてくれる。

さあ、今日はどのキラキラをつけようかな。キラキラひとつで、いつもの洋服もぐっとおしゃれになる。

とくにわたしが心がけているのは、顔の近くにキラキラを持ってくることである。60歳を超えるとどんどん見られない肌になっていくので、せめて顔のまわりに輝きを添えて、「まだいけるわ」という気分にならないと生きていけない。

先日、デパートを通り抜けたとき、目にとまったキラキラネックレスがあった。思わず立ち止まり、手に取る。首に巻いてみるとテンションが上がる。わあ、なんてかわいいやつ。

何にでも合いそうだし、なにより元気になれるので買った。来年は似合わなくなるかもしれないが、今年はこれでいくことにする。今年のうちは、このキラキラで元気でいられそうだ（95ページのネックレス）。

黒やグレーの服はもう似合わない

「明るいきれいな色の服を着ましょう」

講演会のたびに、わたしは話している。人生後半を元気に楽しく生きるコツ。それは、自らがきれいな色を身に着けることというのが、わたしの持論だからだ。

黒やグレーは20代、ぎりぎり30代までの色。お肌もスタイルもぴちぴちしている年齢に合う色で、おしゃれだが、中高年にははっきり言って無理がある。くすんだ肌には、黒ではなく、きれいな色が似合う。

ピンクやさわやかな色を身に着けている外国人のお年寄りを見て、いいなと思う人は多いはずだ。わたしたちも見習うべき点だと思う。

そういうわけで、わたしも人と会うときは、きれいな色の服を着るように心がけている。

今のわたしのテーマカラーは黄色だ。白と合わせると若く見えるので、夏はインナーとパンツは白と決めている。白いビーズのチョーカーは、ミャンマーで200円で買ったもの。

ピンクの服は、アメリカのウエスタンショップで購入。首に巻いているのは、107ページで紹介しているチョーカー。階段上がりにある、母の趣味のステンドグラスの前で。

ここ数年のわたしのテーマカラーは、黄色だ。

生まれて初めて黄色のジャケットを買ったのは、冒頭に書いたマンショントラブルで、ものすごくテンションが落ちていたときだった。自らを奮い立たせる意味で、今までに身に着けたことのない、鮮やかな黄色を選んだのだ。そのときのハッピーな気持ちは、今でもよく覚えている。

わたしはそのとき、きれいな色の力に目覚めた。何が目覚めをもたらすか、本当にわからないものだと思う。マンショントラブルがなければ、黄色のジャケットを手に取ることはなかっただろうし、色の力に目覚めることもなかっただろう。

人生、たとえ悪いことがあっても、いつまでもそこにとどまっていないで、思い切って動き出せば新しい展開があるものだ。固定観念にとらわれていては、新しい出会いはないとつくづく思う。

洋服もアクセサリーも工夫して楽しむ

いちから洋服を作るのは面倒でしないが、あるものをアレンジするのは好きだ。

例えば、しっくりいかないセーターがあったとする。袖がないほうがいいのではと思い立つと、もうハサミで袖を切っている。丸首のインナーより、カーディガンのほうがおしゃれではないかと思うと、もう真ん中を目分量で切っている。

今、よく使っている細いスカーフは、もともとはゴルチェの薄物のトップスだったもの。その両袖を切ってつなげて、スカーフにしたのだ。どんな服にも合うなんとも言えない色なので、重宝している。

ブランド物の服でも、ためらいなくハサミを入れる。ミンクをゴミに出したほどなので、服にハサミを入れるぐらいはたいしたことではない。

洋服だけでなくアクセサリーも、いくつか組み合わせてつけたり、アレンジした

丸首のＴシャツの真ん中を切って、切り口をざくざく縫っただけ。襟ぐりが大きいのに厚手のため、着る時期がなく長い間眠っていた一枚が、出番が多いカーディガンに変身。

前ページで書いた、袖を切ってストールとベストにリメイクしたもの。ストールは首にちょっと巻くだけで寒さ対策にもなるので、四季を問わずいつもバックの中に忍ばせてある。

冠婚葬祭以外あまり使わないパールネックレスは、首にくるくると巻いて、巻き終わりをゴムなどでしばり、大きめのブローチをつければ、気になる首をカバーしてくれるチョーカーに。

りすることが多い。今凝っているのは、大きめのお花のブローチとパールのネックレスを組み合わせてチョーカーにすることだ。

洋服やアクセサリーを前に、もっと素敵にならないか、何かできないかと考えることはとても楽しい。

この先、日本経済ががたがたになり、年金がカットされるようになっても、わたしは持っているものを工夫して楽しもうと思っているので平気だ。人生は工夫次第でどうにでもなる。

今の生活に執着しなければ、老いても、工夫しながらハッピーに暮らせるような気がする。

第5章

88歳の母から学ぶ暮らし方

ひとときもじっとしていない驚きの88歳

20歳からずっとひとり暮らしなので、母を知っているようで知らなかったことが、同じ屋根の下に住むようになりわかった。

一般的に、88歳といえば、まぎれもない老人だ。まわりを見ても、この年齢の親をもつ娘の多くが、程度の差はあれ介護をしたり、施設に親を預けたりしていることからもわかる。どんなに若く見えても、88歳はそういう年齢なのである。

だから、わたしが実家に引っ越すと聞いた友人たちが、母親の介護で帰るのだと思っても仕方がないことなのである。

まさか、介護どころか、当の母は自転車に乗って駅まで行き、電車に乗ってデパートで買い物をしているとは誰が想像するだろうか。

母の元気さをよく知る近所の人や友人たちでさえも、あまりの元気さに驚いているほどだ。母は、もしかして老人のぬいぐるみをきた少女？　妖怪？　それほど元気なのである。

同居してから母の日常を観察しているのだが、とくに健康によいことをしている様子はない。散歩やストレッチをしているところなど見たことがない。何もしていないのに、ゴムまりのように弾んでいるのはなぜ？　やはり妖怪？

もちろん、年齢相応に足の間は開いているし、背中も曲がっているが、フットワークがじつに軽く、家でじっとしていることはほとんどない。昔からお出かけママで、よく外出しているのは知っていたが、家にいるときはもう少しぐったりしているかと思っていた。

88歳だというのに、カレンダーはわたし以上に予定で埋め尽くされている。どこかにこっそりとパートにでも行っているのかと疑うほどだ。友達が多いのは知っていたが、これほどまでとは。

お出かけの日は朝から忙しそうだ。

ベッドの上にフリーマーケットかと思われるほどの洋服を広げ、それに合わせてバッグも数種類置いて、支度を決めている。

驚くのは外出するときだけでなく、家にいるときもいつも身ぎれいにして、おしゃれな格好をしている点だ。そのままでは外に出られない、楽がとりえの格好をしているわたしとは正反対だ。

うちの母に限り、世間でいうところの老後はない。今日はお茶会。明日は友達と歌舞伎を観に。来週は、わたしと同じ年の友達と銀座の名店でお寿司ですって。

元気なのはいいが、お金もパッパッと使っているようなので、見かねて「年金もカットされる時代だから、老後のために少しセーブしたら？」と娘のわたしが注意しても、どこ吹く風。逆に「お金お金って、嫌な話するのね。わたしはわたし。放っておいてよ」とピシャリ。

「毎日を楽しむことが人生よ！」と本に書いたり講演会で言ったりしているのに、そのように生きている人に向かって「セーブしろ」だなんて、失礼ですよね。もしかして、わたしのほうが老人かもしれない。

おしゃれは大事とつくづく思う

おしゃれに関して、娘のわたしは母に完全に負けている。

母のおしゃれは今に始まったことではなく、若いころからである。今でこそファッションの学校に行く人は多いが、その昔、まだモンペをはいている人がいる時代に、母は杉野ドレスメーカー学院に通っていた。モダンな服を着て、帽子をかぶり、革靴を履いて、銀座や浅草に遊びに行っていたらしい。

世の中におしゃれな人はたくさんいるが、どんな安物でも、自分のセンスで組み合わせておしゃれに着こなしてしまう人は、そんなに多くはないだろう。これは天性の感覚だと思う。

母のセンスのすごさは、柄物と柄物を合わせてしまうことだ。また、おしゃれな帽子を必ずかぶって出かけるので、これがまた目立つ。お年寄りで帽子をかぶり、

母のお出かけファッション。アウトレットで買ったパンツは、最近のヒットだそうだ。ブルーのサンダルにキリン柄のシースルーのソックス。母のファッション感覚に脱帽だ。

母にしては地味めのファッション。でも「これを着て行くとほめられるのよ」と言うので、１枚撮ってもらった。ポイントは鳥の巣のような白い帽子。

母が無帽なのは家にいるときだけ。帽子屋が開けるほどの帽子持ちだ。

柄物を合わせて着ている人はなかなかいない。

そのせいか、電車の中などで声をかけられることが多いらしい。「その服、素敵ですね。まあ、そのお帽子も」と。デパートの店員さんにも、「さっき通りましたよね？　素敵なお召し物だと思って見ていたので」などと声をかけられるというのだから驚く。

母を見ていると、女性が楽しく暮らすのにおしゃれは欠かせない、とつくづく思わされる。おしゃれだと、人からほめられる。また女性は、おしゃれな人が好きなので、友達もできる。誘うとおしゃれをして来てくれるので、人からお呼びがかかるといいことずくめだ。

きれいな色の服を着て、アクセサリーをつけて……。センスのあるなしにかかわらず、おしゃれはまわりを明るくする。そうですよね、年だからと地味な服を着て、血糖値の話ばかりしていたら、人は寄ってこない。

女性はいくつになっても花であるべきだと、母を見ていてつくづく思う。

食べることも、作ることも、ふるまうことも好き

健康志向の人が増え、卵はよくないとか、肉より野菜のほうが体にいいなどと言われるが、母は卵と肉を欠かしたことがない。世間がどう言おうと、自分が食べたいものを食べるのが母の食生活の基本だ。

うちの88歳は無類の牛肉好きときている。いつだったか、朝から牛肉を食べている姿を見たときは、「あなたは朝から共食いか」と唖然とした。ちなみに母は丑年《うし》だ。

これは子供のころからの食生活のせいらしい。

母の父がこれまた明治のグルメ男で、母が幼い頃から浅草や上野の洋食屋へすき焼きやステーキを食べに連れて行っていたらしい。母の料理の腕がいいのは、このときの味を舌が覚えているからだ。

とにかく、母はよく食べる。年をとると食が細くなると聞くが、母にその言葉は

牛肉好きの母が作るビーフシチュウ。母が子供のころに連れられて行ったレストランの味を再現したもので、デミグラスソースを使わないところがポイントだそう。（レシピは121ページ）

山を持っている遠方の友人が、毎年送ってくれる大量の夏みかんで、マーマレードジャムを作り、かわいい瓶に詰めて友人たちに配っている。（レシピは121ページ）

当てはまらない。レストランに行けば、料理はフルコース、デザートまで完食が普通だ。しかも、食べている最中に、家に帰ってから何を食べようかと話しだすのだから、もう脅威としか言いようがない。

まあ、娘は母親に対して厳しいのが普通だが、よいところをあげるとしたら、家にいるときは、ジャムやビーフシチュウを大量に作り、友人たちに分けている点だ。最近は少しご無沙汰のようだが、よく、人を家に招いては料理をふるまったりもしている。おいしいとほめられるのが、うれしくてたまらないようだ。

手作りの料理でもてなされるのは、どんな高級レストランに招かれるよりうれしいし、感動があるものだ。母はいつも「わたしはあまり人の家に呼ばれたことがない」と笑う。

わたしも、母を見習い、久々にこの新しいひとり住まいに友達を呼ぼうかしら。料理は人と人をつなぐ重要なアイテム。面倒くさがらずにやらないと、気がつくと誰もいなかったということになりかねないので、呼ぼうと思う。

❖ ビーフシチュウ ❖

材料（4人分）
牛肉（シチュウ用）……500g
にんじん……大1本
玉ねぎ……大1個
マッシュルーム……適量
しょうが薄切り……1～2枚
ローリエ……数枚
オイル……大さじ2
水……5カップ
塩・こしょう……適量
A
- トマトケチャップ……1カップ
- トマトジュース……小1缶
- ウスターソース……大さじ3
- とんかつソース……大さじ2
- しょうゆ……大さじ1

作り方
❶ すべての材料を食べやすい大きさに切る。
❷ 鍋にオイル大さじ1を熱し、牛肉を入れて軽く炒める。
❸ 水、ローリエ、しょうがを加えて強火にし、沸騰したら中火でアクをとりながら1時間煮る。
❹ 別の鍋を火にかけてオイル大さじ1を熱し、にんじん、玉ねぎ、マッシュルームを軽く炒める。
❺ ❸の鍋に❹とAを加え、弱火で約30分煮こむ。最後に塩・こしょうで味を調える。

❖ 夏みかんのマーマレード ❖

材料（作りやすい量）
夏みかん……5個
砂糖……300～400g

作り方
❶ 夏みかんは薄く皮をむき、袋から実を取り出して、実をほぐしておく。
❷ 皮はせん切りにし、水を入れた鍋に5時間浸してアクをとる。
❸ 手で押さえて水を流し、かぶる程度の水を加えて5分煮る。
❹ ざるにあげて水気を切る。
❺ 再び鍋に戻し、実を加える。
❻ 弱火にかけ、砂糖を数回に分けて加えて10分煮る。はちみつ程度のゆるさで完成。

＊甘夏は酸味が出ないので、必ず夏みかんを使うこと。
＊鍋はほうろう鍋を使うと、よりおいしくできます。

これがきちんと暮らすということ

帰省するたびに、家の中がいつもピカピカで掃除が行き届いていると感心していたが、同居してその理由がわかった。それは、絶えず家を磨いているからだ。

まず、ダスキンを40年以上利用し続けている。朝起きると、もうダスキンのハンドモップを手に持って家具のほこりを払い、床をモップで磨いている。まるで、住み込みのお手伝いさんのようだ。

母によると、毎日さっと拭いていれば汚れもつかないので、大掃除はいらないと。汚れてから掃除をするから、掃除が大変な作業になるのだと。ごもっともである。

母は働き者だ。生活にリズムがある。

1階の朝は、6時半に母が元気に起きる音で始まる。雨戸を開ける大きな音、バタンバタンと洗面所や廊下を行き来する音。7時にはゴミ出しを終え、毎日出勤し

１階の母のリビング。家具も調度品もいつもきれいだ。漆の椅子は漆がはげるたびに塗り直し、手入れをして長持ちさせているそうだ。

てくるのら猫に餌をあげ、洗濯機のスイッチを入れ、台所に立つ。トントントントンとつねに小走りだ。

正直、ひとり暮らしが慣れている朝寝坊のわたしからすると、朝からトントントンとうるさいのだが、ここの大家さんは母なのだから言わないことにしている。それにしても、1階から聞こえてくる音は、もうすぐ90歳になる人が立てる音ではない。掃除が済むと、朝ご飯。食べることに目のない母は、朝からわたしよりもしっかりと食べる。卵、ヨーグルト、野菜、バナナ、パン、スペシャルドリンクに紅茶。見習いたいのは、食べ終わったらすぐに片付けて洗い、食器棚にしまうことだ。シンクに使い終えた食器がたまっているのを見たことがない。きれい好きの働き者なのだ。

台所から出てきたかと思ったら、今度は、庭に出てなにやら片付けている。運動しなくても元気な理由は、家事が運動になっているからだろう。あれだけ動いていれば、筋トレもウォーキングも必要ない。ゴミも、ビンも、新聞紙の束も、もろともせずに運んでいる。これが、きちんと暮らすということか。

第6章

人生後半を輝かせるのは
人・友達・仲間

ひとり者の命綱は気心の知れた友達

いくら素敵な家に住んでいても、訪ねてくる人がいなければ、豊かな暮らしとは言えないだろう。

ＮＰＯの活動で、会場を借りてイベントをおこなうとき、いつも思うことがある。それは、人がいない会場の殺風景なこと、殺風景なこと。どんなに立派なホールでも冷たく感じてしまう。

ところが、人が入ってきたとたんに、会場は華やぎはじめる。人がいかに楽しい環境を作りだすか、人の存在のすごさをまざまざと感じさせられる時間だ。老後のお金も大事かもしれないが、友達、仲間、家族のいない人生は、人のいない会場のようで寂しい。

わたしにも気心の知れた友達は何人かいる。

仕事でトラブルがあったとき、電話で愚痴を言える人。政治の話でいつまでも飲みながら語り合える人。「今日、夕飯しない？」と気楽に誘える人。みんな、わたしにとりかけがえのない友達だ。友達のいるありがたさを、年とともに実感する。

遠方に住んでいる友人もいる。なかなか会えないが、むしろそのほうが長続きする場合もある。

先日、岐阜県に住んでいる20年来の女友達とその話になり、「わたしたちが長く続いているのは、離れて暮らしているから」ということで意見の一致を見た。

わたしは物書きで、彼女は染色家。職業からもわかるが、2人とも個性が強く、悪く言えば超わがままだ。もし、彼女がいつでも会える東京に住んでいたら、お互いが鼻につき、こんなに長く親しい付き合いが続くことはなかっただろう。

たまにしか会えないから、会ったときを大事にする。会えないから会いたい。ひとり者同士の遠距離恋愛かしら。

仕事で仙台に赴任している女友達も、30代のときに出会った大切な友達のひとりだ。電話でおしゃべりするわけでもなく、年に一度会うか会わないかだが、会うといつも2人で笑いころげている。

群馬にも大好きな友達がいる。こちらも30代のときに仕事で知り合い、ずっと付き合いが続いている貴重な友達だ。車で1時間の距離なので、2か月に1度ぐらいは会うことができている。

こう書くと、友達が多くて楽しい毎日を送っているように見えるかもしれないが、真の友達は数人と少ない。正直な話、気分が滅入るとき、ふと「わたし、友達いたかしら……?」と不安になることもある。

若いときと、60を超えたひとりではその重みが違う。家族なんかいらない! と心から思って選んだ道なのに、家族を持たなかった後悔が時々顔を出す。私のように気を張って生きている人は振り向いてはいけないのだが、すきま風がスーと入り込む。

ひとり者にとり、命綱は気心の知れた友達なのだ。

誘われたら行く。そうして人はつながっていく

人と関わるのは面倒などと言わないで、嫌なことも含めて大いに人と関わっていくほうが、これからはいいように思う。

わたしはどちらかというと好き嫌いが激しく（だからひとりなのだが）、それが自分の個性だと思っていたが、ただのわがままだと最近になってわかった。

もし、わたしと同じように感じている人がいたら、面倒くさがらず、人と会う場所に積極的に出よう。なんといっても、ひとり者は家族がいないので、仲間が必要だからだ。

最近心がけていることのひとつが、どんなことでも誘われたら断らないことだ。

「コンサートのチケットがあるから、一緒に行かない？」

「ピアノの発表会があるので、よかったら……」

そうやって誘ってくれるのは、あなたと一緒に行きたいからだ。来てほしいから誘うので、決してチケットが余っているからではない。つまり、あなたのことが好きだから、誘うのである。

ところが誘われたほうは、誘ってくれた人より、誘ってもらった内容で、行くかどうか判断するのが普通だ。

「せっかくだけど、演歌のコンサートはあまり興味がないので……」

と正直な気持ちを言って断るか、予定もないのに用事のあるふりをして断るかのどちらかだ。

わたしも今までは、興味のないものに行っても時間の無駄だと考えていたので、無理に行くことはなかった。

しかし、いろいろな方から声をかけてもらっては楽しそうに出かけて行く88歳の母を見ていて、誘いを断っていたら、いい友達もできず、いい人間関係も作れず、新しい発見もないと考え直すようになった。

誘われたら行く。たとえ興味のないものでも。

なぜなら、そのラブコールにこたえないと次はないからだ。いい人生を送るには、先ほどのがらんとした会場の話ではないが、人が必要。誘い誘われる人間関係こそ、年を重ねれば重ねるほど重要で、人生に華やぎを与えてくれる。

そして、誘われた内容に興味がなくても、行ってみると、そこになにかしら発見があるものだ。

心を入れ替え「誘われたら行く」を実践しているわたしは、先日もチケットを買ってほしいと頼まれて、気が進まなかったが友達の知人のコンサートにも行った。帰りにその方に挨拶すると、「わあ、わざわざ来てくださってありがとう」と満面の笑みで言われ、こうして人はつながっていくのだと実感しながら家路に着いた。

シャンソンで楽しい仲間ができた

マンション漏水問題を解決に導いてくれた女性が、偶然にもわたしの本のファンだったのをご縁に親しくなった。マンション問題がなかったら知り合わなかった、65歳でできた新しい友達だ。シャンソンの先生を探していると話したところ、彼女が習っている先生を紹介してもらえることになった。

わたしは昔から歌を習いたくて、カルチャーセンターのボイストレーニング教室、ポピュラー・シャンソンの教室、ジャズの個人レッスンと渡り歩いていたが、なにせ飽きっぽい性格なので、どれも自然消滅していたのである。

マンションをシャンソンに導いてくれた友人の紹介で、再びシャンソンの個人レッスンを受けはじめてから2年がたつ。こんなに長く続いているのは初めてだ。

レッスンを始めて驚いたのは、先生には、40年も前から習い続けているお弟子さんが大勢いることだ。20代のときに先生に師事し、結婚して子育て期間20年のブランクを経て、60代で復帰という方もいる。シャンソンが好きで習っている人の中には、自らもシャンソンのようにドラマティックな人生を送っている人が多いのも、魅力のひとつだ。

声量に欠けるわたしの声だが、それはたいした問題でないこともわかった。歌が上手でなくても、80代の人が舞台に立つだけで、シャンソンなのだ。そう、シャンソンは年齢を重ねれば重ねるほど、味が出てくるジャンルの音楽なのである。

ステージで初めて歌ったときのうれしさを、わたしは忘れることができない。ドレスに身を包み、スポットライトを浴びて、プロのピアノで歌えるなんて夢のようだった。楽屋で鏡に映るイキイキした自分を見たとき、久しぶりに生きる意欲が湧き上がってくるのを実感した。65歳を過ぎてから「ああ……」と嘆く日が多かったので、余計にそう感じた。

シャンソンを習いはじめて、歌の面白さがわかったと同時に、先輩たちとも仲良くなることができ、今ではファミリーのように感じるまでになった。

歌を愛する人は心がやさしい。よその会は知らないが、わたしが所属する会には、ライバル意識の強い人や意地悪な人はいない。おそらくみんな、人と比べることではなく、自分の歌の向上しか考えてないからだろう。これって、すごく素敵なことではないだろうか。

わたしは、仕事場では先頭に立ってリードしていく立場なので、スタッフに指示を飛ばし、みなを笑わせ、いつも中心にいる。でも、シャンソンの会では、わたしは何百人もいる会員の中の末席にいる新人。わたしは今、この新人の立場をとても楽しんでいる。いつもと違う立場が新鮮でたまらない。

65歳で新人になれるとはラッキーだ。人生は本当に予想外の出来事の連続である。80代で堂々と歌う先輩の姿を見ながら、こうありたいというお手本を見せていただき、人生を勉強させてもらっている。わが家のゴムまりのような働き者の88歳もいれば、歌にすべてをかけているかっこいい88歳もいるのである。

これから、長いか短いかわからないわたしの人生だが、シャンソンを道連れに、先輩たちのように自信を持って歩んでいきたいと思う。

ステージで歌うわたし。

美しい80代目指して仲間とともにバレエに励む

歌も好きだが、昔から踊ることも大好きだ。大人になってからバレエ教室に通いはじめ、何度もブランクがあるが、今でもずっと続けている。

バレエの教室は、目黒のマンションから歩いて10分と、目と鼻の先の距離にあった。目黒に住んでいたときは「今日は雨だから」「今日はお腹がすいているから」と休んでばかりいたのに、引っ越してからというもの、1時間も電車に乗って通っているのだから、その変貌ぶりに自分でも驚く。

怠け者のわたしが、なぜ急に真面目に通う気になったのか。それは、見苦しい体型の老人になりたくないと思ったからだ。

何もせずにいたら、トドのようになるかもしれない。その恐怖がわたしに火をつけた。細々とでもバレエを続けている人は、立ち姿が美しい。

先日、昔のバレエ仲間である80歳の女性に会い、相変わらずのスタイルのよさと、まったく老人くさくない美しい姿に圧倒された。

近所にいる80代とは明らかに違う。元気な80代は近所にもわが家にもいるが、美しい80代はほとんどお見かけしない。わたしもいずれその年になるなら、彼女のように美しくなりたいものだと心から思った。

それにはバレエを続けることだ。わたしは追い詰められないとなかなか本気になれない性格なので、彼女に会わなければバレエをやめていたに違いない。

母には悪いが、わたしは、母のように足の間が開いて背中の丸まった80代にはなりたくない。いくら元気でも、あのおばあさん体型はちょっとね。

現在通っているバレエクラスには、わたしと同じ60代の方が多い。しかし、スタジオのレッスン風景は、とても60代が多いとは思えない。中には古稀《こき》を迎えた方もいるが、スリムで美しく、お世辞でなく10歳は若く見える。筋肉のついた足、引き締まったお腹、すらりとした立ち姿は、明らかにその辺を歩いている70代とは違う。

わたしも、最近真面目に通っているせいか、徐々に体型が変わってきたのを感じている。昔はさぼってばかりいたが、最近は何よりもレッスンを優先させるほどの熱の入れようだ。

バレエの仲間は、ブランクはあるものの、長い間通っている方ばかりだ。皆さばさばしていて気持ちがいい人ばかりなので、それも続けられるポイントになっている。仲間も先生もさばさばしていていい。習い事は、何を習うかではなく、誰に教わり、誰と学ぶかに尽きるような気がする。

将来は、バレエのスタジオ付きの老人ホームを建てたいわね。素敵な音楽をかけながら、日がな一日スタジオでストレッチしたり、バーレッスンをしたりして過ごすの。いいわね、年をとるのが楽しみだわ……そんな会話も弾む。

おひとりさまを応援する活動がわたしの原動力

自分が60代に入って、60代は想像していた以上に若いと実感している。働き盛りの40代からくらべれば、目は老眼鏡をかけながらメガネを探すほど衰え、気力・体力の衰えも否定できないが、働く意欲は衰えていないのが60代ではないだろうか。人生100年時代だとすると、人生はこれからだという気もしてくる。

おひとりさまの会（NPO法人SSSネットワーク）を始めて、今年で15年目になる。この飽きっぽい、気の変わりやすいわたしがよくここまで続けてこれたものだと、ほかでもないわたし自身が一番驚いている。

じつは、この活動を始めたのも思いつきで、最初から目的を持ってやってきたわけではない。

「こんなことしたら面白そう！」とはしゃぎながら、共同墓を作ったり、ひとりの老後のためのセミナーをおこなったり、エンディングノート（いざときノート）を作ったり、おひとりさま向けの直葬プランを始めたりしてみただけのこと。大義名分はなく、すべて面白そうだから。なので、「えらいわね」などと言われると、どう反応していいかわからなくなる。

ＳＳＳネットワークは誰でも入会できる会なので、素敵な人もいれば、中にはちょっと変な人もいる。ここだけの話、変な人にまとわりつかれて、もうやめようと思ったことは一度や二度ではない。

それでもここまで続けることができたのは、なんだかんだ言いながらも、わたしは人が好きなのだ。

活動も15年目に入り、今では「この年でやることがあってよかった」と痛感している。

正直な話、65歳を過ぎたら、もうどこからもお呼びはかからない。仕事もないの

SSS ネットワークの集まりで。

（下）花が絶えない、わたしたちの共同墓。

が普通だ。わたしにとり、やることがない人生は退屈そのもので、一番恐ろしいことでもある。65歳から何もしないで100歳まで生きるとしたら……。想像する前から、気が狂いそうになるではないか。

家族がいる人なら孫の世話をして過ごすこともできるだろうが、ひとり者のわたしの場合は他人と交わるしかないのだ。

これまで活動を続けていてよかったと思えることのひとつは、人が集まることで、パワーをもらえることだ。人がたくさん集まるところにはエネルギーが充満する。そう、コンサート会場と同じだ。

会員の中で、わたしからパワーをもらったと言ってくださる方がいるが、わたしこそ、会員の方からパワーをいただいているのである。

人が集まるところに身を置くと、疲れることもあるが、不思議とまた頑張ろうという気持ちになれる。だから、落ち込んでいるときでも、会の集まりに出ると、帰りには「死ぬまで続けるわ」と気持ちが切り替わっているのである。

この間、会員の方から真顔でこう聞かれた。

「松原さんは、今はお元気そうで心配ないと思うのですが、もし、もしですよ。亡くなられたら、この会はどうなるのですか？」

そんな年齢になったかと内心ショックだったが、笑って答えた。

「大丈夫よ。うちは父も母も長生きだから。わたしはどうも長寿遺伝子を受け継いでいるらしいから。ちゃんとあなたをあの世に送ってあげるわよ」

そして思った。そんな先のことどうでもいいじゃない。わたしが先に死のうが、あなたが先だろうが、うちの会が存続しようがしまいが、大事なのは、今生きているることを楽しむことではないのか。

そうですよ。大切なのは、先のことではなく、今を、生きている今現在を楽しむことですよ。

人生後半《じんせいこうはん》を楽《たの》しむ
シンプル生活《せいかつ》のススメ

著者　松原《まつばら》 惇《じゅん》 子《こ》

発行　株式会社二見書房
東京都千代田区三崎町 2-18-11
電話　03（3515）2311［営業］
03（3515）2313［編集］
振替　00170-4-2639

印刷　図書印刷株式会社

製本　株式会社村上製本所

落丁・乱丁本はお取り替えいたします。
定価・発行日はカバーに表示してあります。
ISBN978-4-576-14099-5
http://www.futami.co.jp